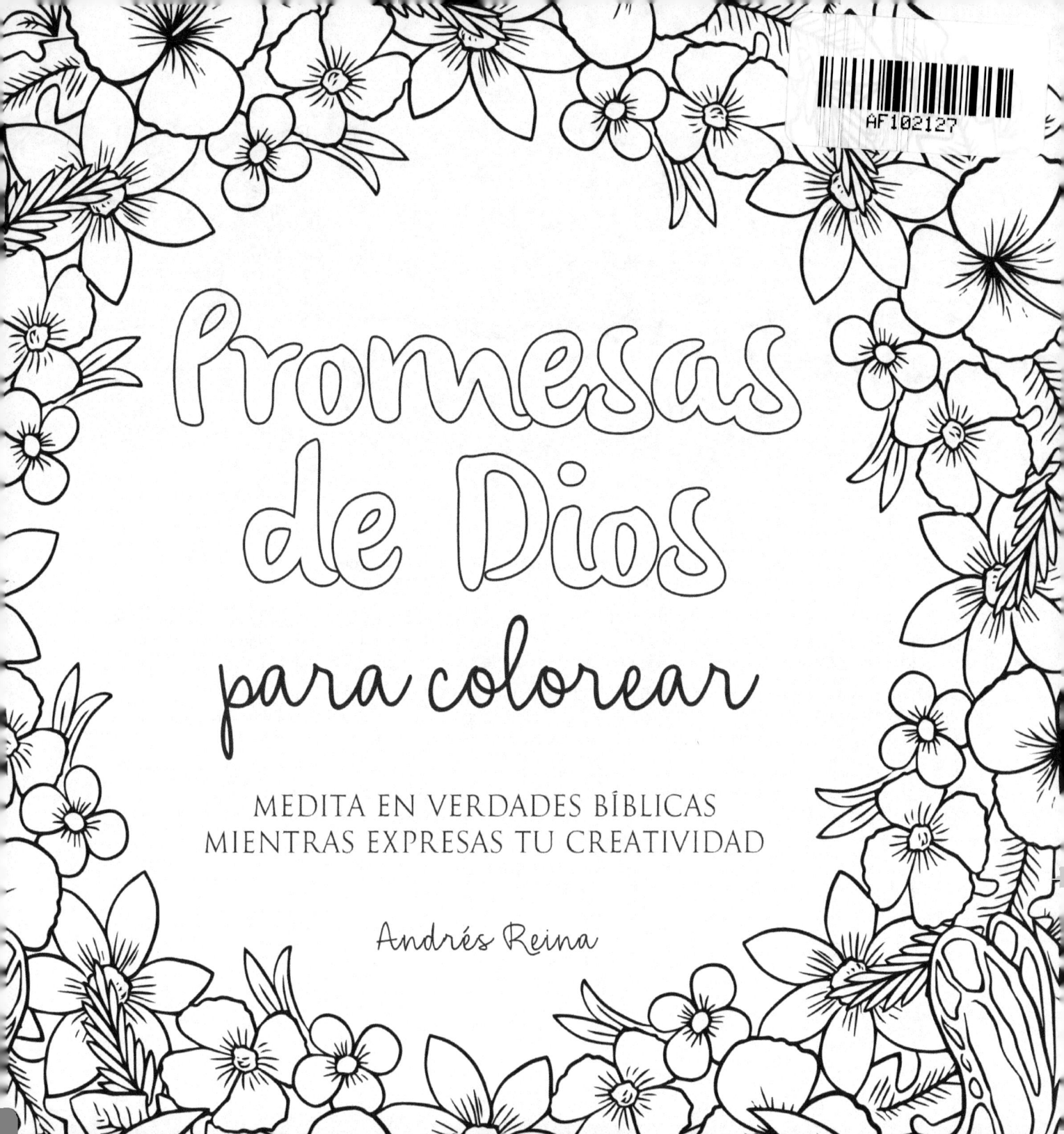

Promesas de Dios
para colorear

MEDITA EN VERDADES BÍBLICAS
MIENTRAS EXPRESAS TU CREATIVIDAD

Andrés Reina

Copyright © 2016 Editorial Imagen (www.Editorialimagen.com)
Córdoba, Argentina. All rights reserved.

Todos los derechos reservados. Ninguna parte de este libro puede ser reproducida por cualquier medio (incluido electrónico, mecánico u otro, como ser fotocopia, grabación o cualquier sistema de almacenamiento o reproducción de información) sin el permiso escrito del autor, a excepción de porciones breves citadas con fines de revisión.

Todas las referencias bíblicas son de la Santa Biblia, versión Nueva Traducción Viviente, © Tyndale House Foundation, 2010. Usado con permiso de Tyndale House Publishers, Inc., 351 Executive Dr., Carol Stream, IL 60188, Estados Unidos de América. Todos los derechos reservados. Usada con permiso.

Pasajes marcados con (RVR60) pertenecen a la versión Reina-Valera © 1960 Sociedades Bíblicas en América Latina; © renovado 1988 Sociedades Bíblicas Unidas. Utilizado con permiso.
Pasajes marcados con (NVI) han sido tomados de La Santa Biblia, Nueva Versión Internacional® NVI® Copyright © 1999 by Biblica, Inc.™ Utilizado con permiso.

Ilustraciones: Freepik.com
Diseño y diagramación: Andrés Reina

CATEGORÍA: Coloring Books for Grown-Ups/Religious & Inspirational

Impreso en los Estados Unidos de América

ISBN:

ISBN-13:

Débora Dettone, una mujer de 52 años de edad, maestra de preescolar que vive en Harrison, Ohio, estuvo sufriendo de ansiedad por cuestiones relacionadas con su trabajo. Su médico mostró preocupación por su presión arterial. Luego de pasada una semana, ella regresó y escuchó las buenas noticias: una lectura mejorada de 120/84.

"Mi médico me preguntó qué actividades estaba teniendo cuando regresaba a casa, y le dije que salía a caminar y coloreaba por las noches", dijo. "Antes de irme a dormir, me siento y coloreo algunas páginas de libros para colorear, me ayuda y me relaja. Así que puedo ir a dormir tranquila y empezar al día siguiente."

El sitio web especializado Medical Daily reporta que no solo personas con enfermedades físicas mejoran sus estados de ánimo, sino también aquellos que padecen estrés, ansiedad y depresión.

Si bien algunos no consideran el colorear como arte terapia, eso no significa que no ayude.

El Dr. Joel Pearson, un científico que estudia el cerebro en la Universidad de Nueva Gales del Sur, en Australia, presentó una explicación para el efecto terapéutico: Al estar coloreando, la concentración en una imagen puede facilitar la sustitución de pensamientos negativos por imágenes y pensamientos más agradables.

"Esto es así porque uno tiene que mirar la forma y su tamaño, considerar los bordes y luego elegir algún color", dijo el Dr. Pearson. "Esta actividad ocupa las mismas partes del cerebro que pueden detener cualquier imagen mental relacionada con la ansiedad."

Creo que otra de las razones por las cuales este tipo de libro puede ayudar es porque puede conectarte a la naturaleza, la cual es creación de Dios. La mayoría de los diseños en la naturaleza siguen varios e innumerables patrones, formas, símbolos y estructuras. Piensa en un panal de abejas, por ejemplo, el caparazón de un caracol, un copo de nieve, etc.

Donde sea que veamos estos diseños, nos remiten a la naturaleza, y por eso nos relajan y alivian el estrés.

Cada artista de los dibujos en este libro se ha expresado creativamente usando una línea para dibujar, pero a ti te toca expresarte creativamente a través del color.

Ahora bien, ¿Cómo puedes estar en contacto con Dios a medida que pintas? En todos los dibujos de este libro encontrarás promesas de Dios cuidadosamente ubicadas para que puedas meditar en ellas a medida que coloreas.

La Biblia nos insta a meditar en Dios y sus grandes obras:

"Bienaventurado el varón que no anduvo en consejo de malos,
Ni estuvo en camino de pecadores,
Ni en silla de escarnecedores se ha sentado;
Sino que en la ley de Jehová está su delicia,
Y en su ley medita de día y de noche.
Será como árbol plantado junto a corrientes de aguas,
Que da su fruto en su tiempo,
Y su hoja no cae;
Y todo lo que hace, prosperará."
Salmos 1:1-3 (RVR60)

"Meditaré en todas tus obras,
Y hablaré de tus hechos."
Salmos 77:12 (RVR60)

"En tus mandamientos meditaré;
Consideraré tus caminos."
Salmos 119:15 (RVR60)

Meditar en Su Palabra te ayudará a perseverar en tu fe, y como escribió William Bridge (1600-1670), un ministro y predicador inglés, mantendrá tu corazón "fuerte en medio de todas tus ocupaciones externas."

Al colorear estos dibujos no solo estarás expresando tu creatividad, sino que también estarás leyendo la promesa de Dios que tienes delante. Esto hará que en el transcurso del día puedas pensar sobre esa verdad. Meditar, ponderar, considerar y repensar ese versículo manifestará el poder de Dios sobre tu vida y tus circunstancias.

Recuerda que la palabra de Dios es la revelación de Dios Padre para nosotros. Sabiendo que las palabras de Dios son espíritu y son vida (Juan 6:63, Hebreos 4:12), es esencial para nosotros que nos alimentemos de ella así como diariamente nos ocupamos de alimentar nuestro cuerpo (Mateo 4:4).

Empieza hoy mismo a meditar en Su Palabra a medida que expresas tu creatividad por medio de los colores. Si bien puedes empezar en la primera página, también puedes comenzar por aquel dibujo que más te llamó la atención. También puedes utilizar este libro como un devocional, coloreando uno o dos dibujos por día, y hablando con Dios y adorándole mientras lo haces.

Que Dios guíe tus pasos y fortalezca tu vida día a día.

Andrés Reina

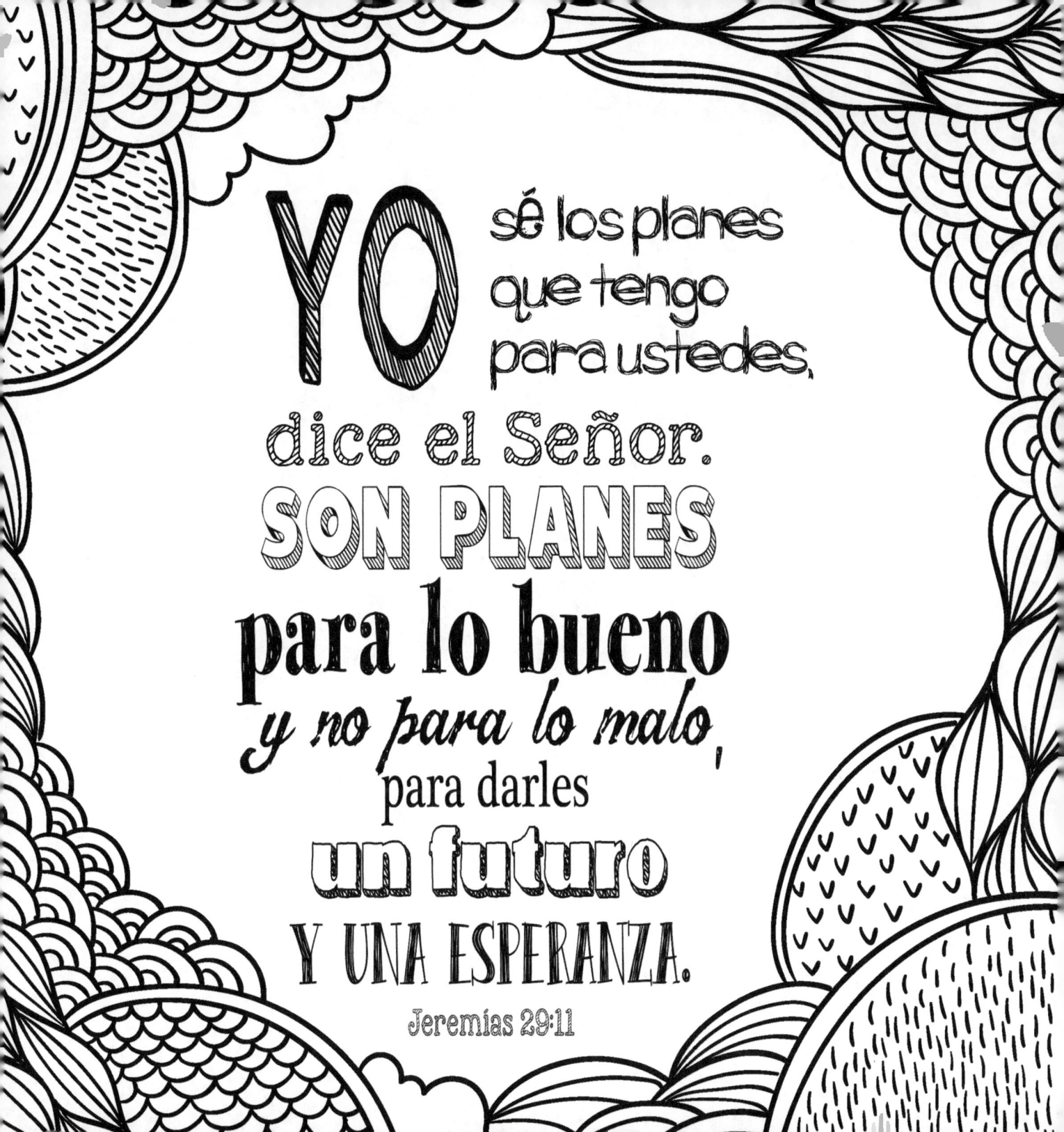

Mi fiel amor por ti permanecerá;
mi pacto de bendición nunca será roto,
dice el Señor,
QUE TIENE MISERICORDIA DE TI.

Isaías 54:10

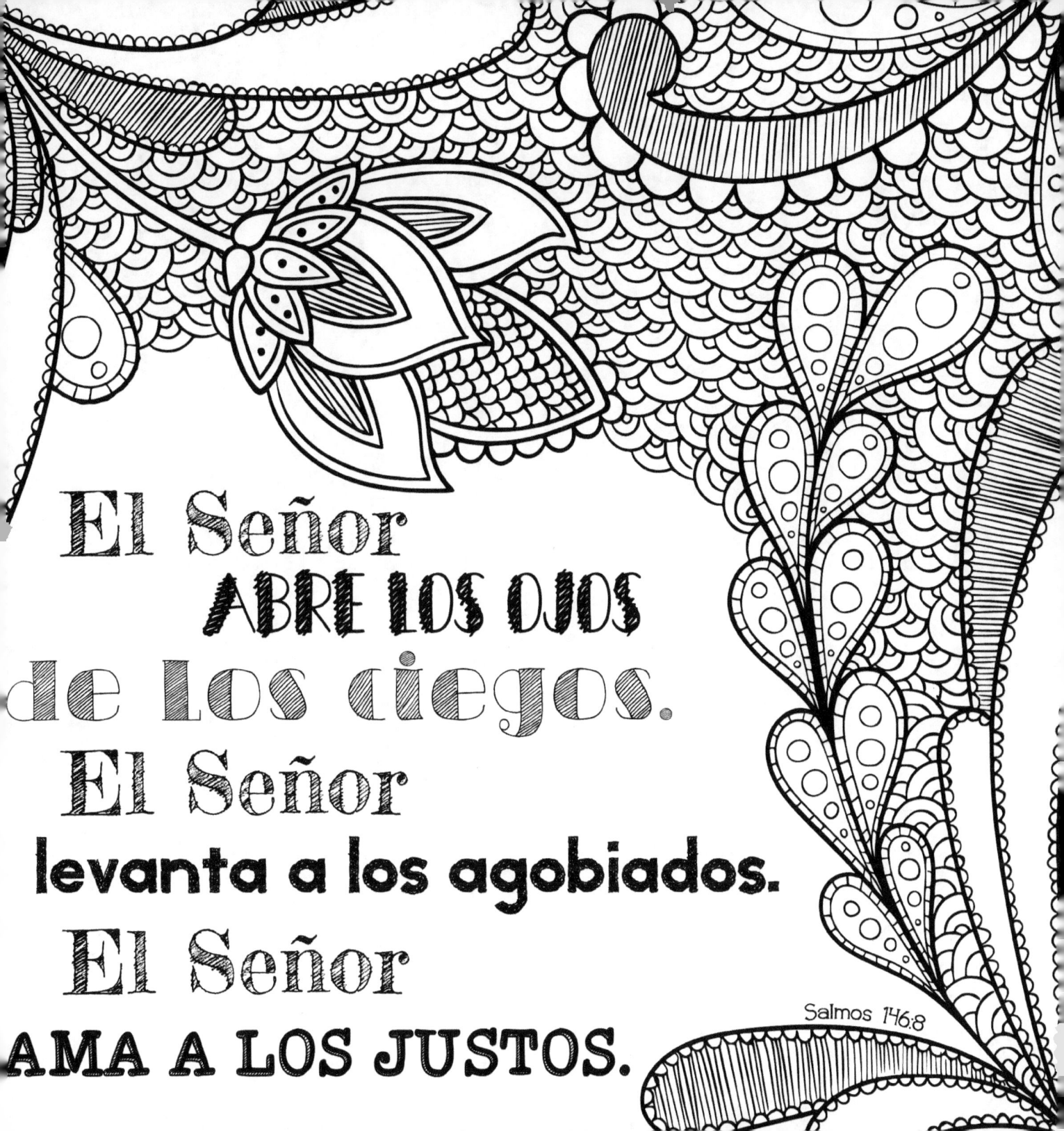

Dejen que Dios los transforme en personas nuevas al cambiarles la manera de pensar. Entonces aprenderán a conocer la voluntad de Dios para ustedes, *la cual es buena, agradable y perfecta.*

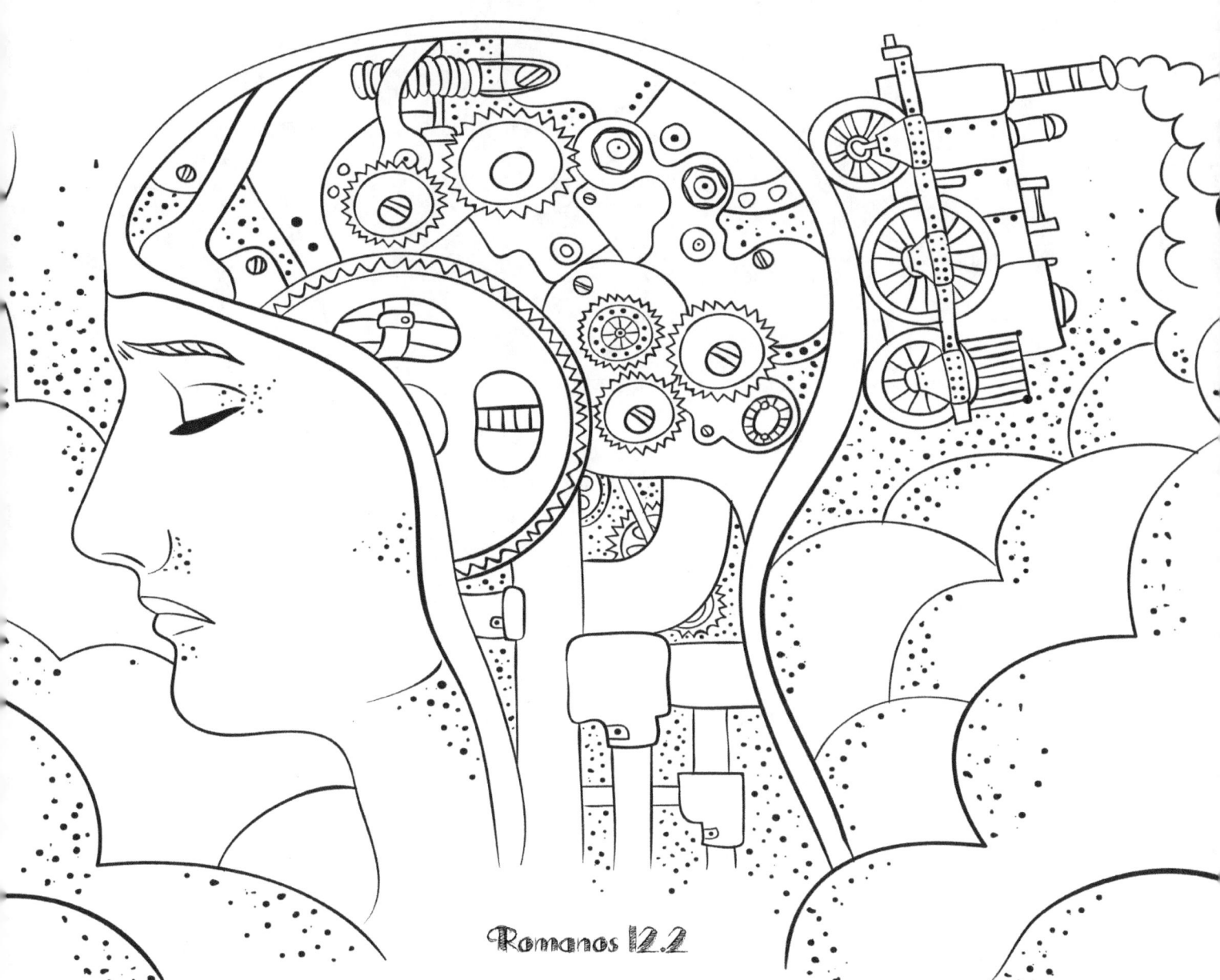

Romanos 12.2

El Señor dice:

RESCATARÉ a los que me aman,
PROTEGERÉ a los que confían en mi nombre.

Salmo 91:14

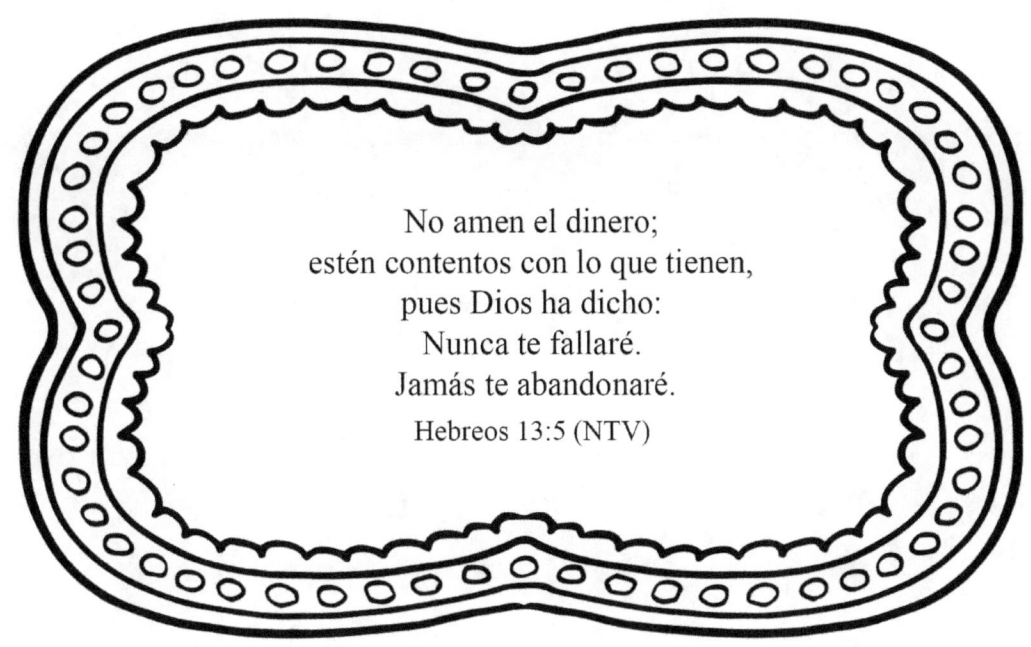

No amen el dinero;
estén contentos con lo que tienen,
pues Dios ha dicho:
Nunca te fallaré.
Jamás te abandonaré.
Hebreos 13:5 (NTV)

El Señor dice: Rescataré a los que me aman;
protegeré a los que confían en mi nombre.
Salmos 91:14 (NTV)

Pero yo estaré cerca de ti,
que es lo que más me gusta.
Tú eres mi Dios y mi dueño,
en ti encuentro protección;
¡por eso quiero contar
todo lo que has hecho!

Salmos 73:28 (TLA)

Mi fiel amor por ti permanecerá;
mi pacto de bendición nunca será roto, dice el Señor,
que tiene misericordia de ti.

Isaías 54:10 (NTV)

Jehová cumplirá su propósito en mí.
Salmos 138:8 (RVR60)

El Señor es mi roca,
mi fortaleza y mi salvador;
mi Dios es mi roca,
en quien encuentro protección.
Él es mi escudo,
el poder que me salva y mi lugar seguro.

Salmos 18:2 (NTV)

Los que me aman heredan riquezas;
llenaré sus cofres de tesoros.

Proverbios 8:21 (NTV)

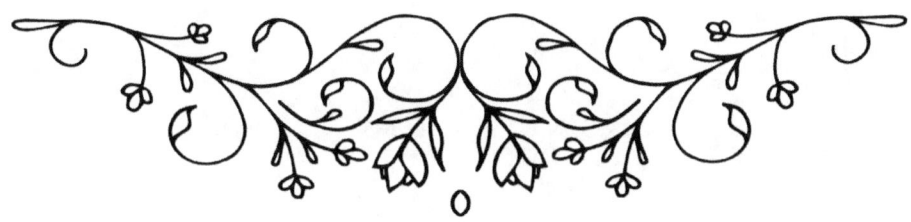

Y esta es la promesa que él nos hizo, la vida eterna.

1 Juan 2:25 (RVR60)

Yo sé los planes que tengo para ustedes, dice el Señor.
Son planes para lo bueno y no para lo malo,
para darles un futuro y una esperanza.

Jeremías 29:11 (NTV)

Jehová se manifestó a mí
hace ya mucho tiempo, diciendo:
Con amor eterno te he amado;
por tanto, te prolongué mi misericordia.

Jeremías 31:3 (RVR60)

Te alabaré, oh Jehová, con todo mi corazón;
Contaré todas tus maravillas.
Me alegraré y me regocijaré en ti;
Cantaré a tu nombre, oh Altísimo.

Salmos 9:1-2 (RVR60)

Volverás a tener compasión de nosotros.
¡Aplastarás nuestros pecados bajo tus pies
y los arrojarás a las profundidades del océano!
Nos mostrarás tu fidelidad y tu amor inagotable,
como lo prometiste hace mucho tiempo
a nuestros antepasados Abraham y Jacob.
Miqueas 7:19-20 (NTV)

Tú eres mi escondite;
me proteges de las dificultades
y me rodeas con canciones de victoria.

Salmos 32:7 (NTV)

La persona íntegra enfrenta muchas dificultades,
pero el Señor llega al rescate en cada ocasión.

Salmos 34:19 (NTV)

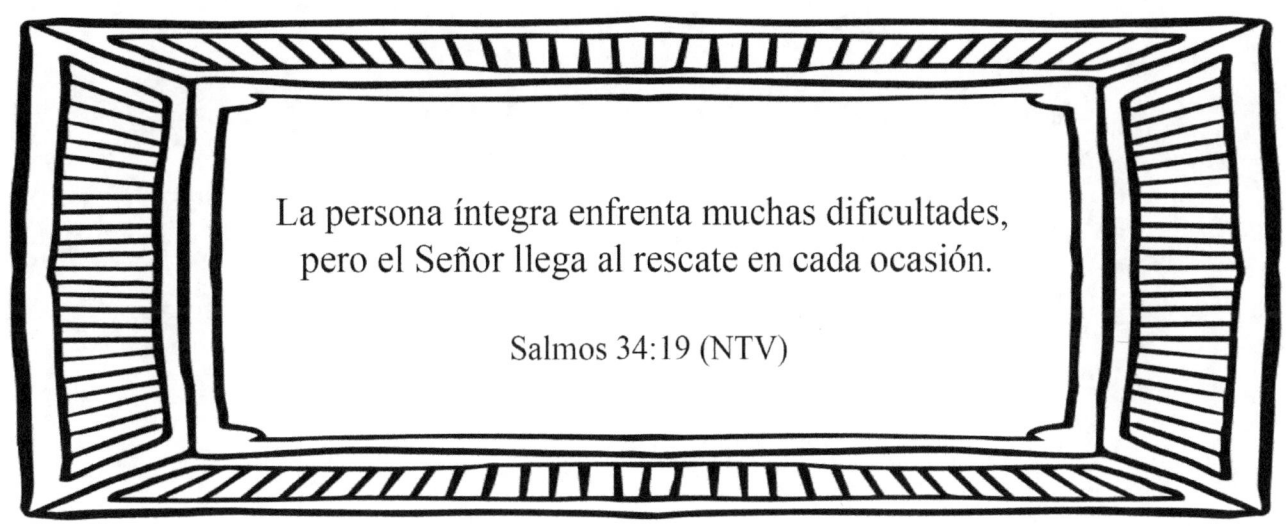

Pues el poder de la realeza
pertenece al SEÑOR;
él gobierna a todas las naciones.

Salmos 22:28 (NTV)

Aunque tropiecen, nunca caerán
porque el Señor los sostiene de la mano.

Salmos 37:24 (NTV)

Dios proveerá con generosidad todo lo que necesiten.
Entonces siempre tendrán todo lo necesario
y habrá bastante de sobra para compartir con otros.

2 Corintios 9:8 (NTV)

Jesús le dijo: —¡No! Las Escrituras dicen:
"La gente no vive solo de pan,
sino de cada palabra que sale
de la boca de Dios".

Mateo 4:4 (NTV)

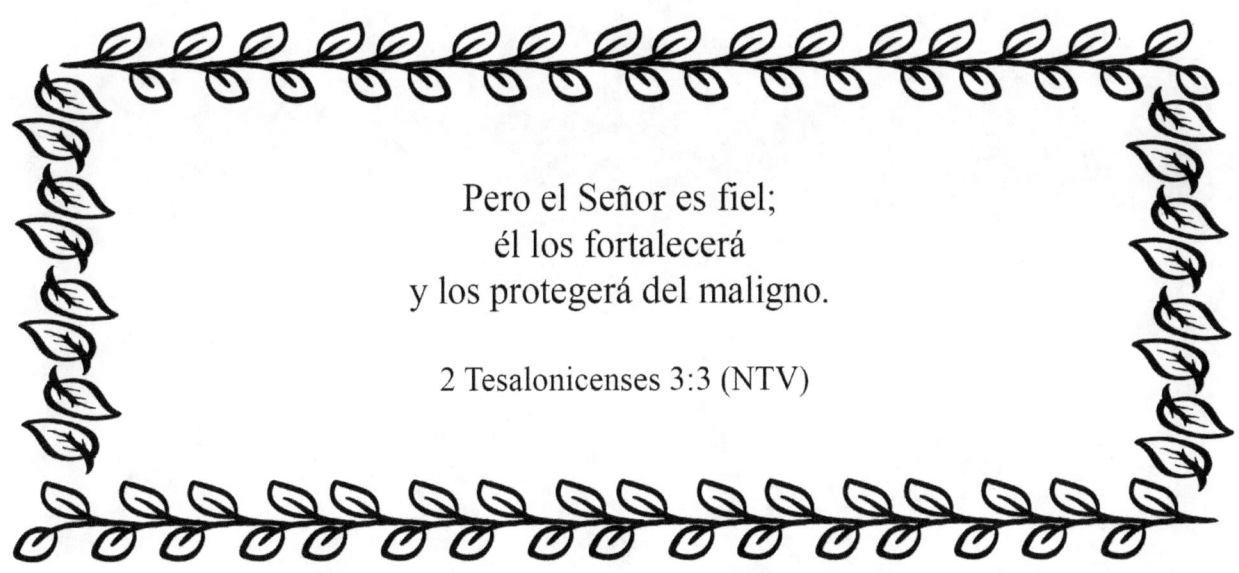

Pero el Señor es fiel;
él los fortalecerá
y los protegerá del maligno.

2 Tesalonicenses 3:3 (NTV)

Deléitate en el Señor,
y él te concederá
los deseos de tu corazón.

Salmos 37:4 (NTV)

Mi misericordia y mi justicia ya se acercan,
mi salvación viene en camino.

Isaías 51:5 (NTV)

Espera en el Señor;
porque en el Señor hay amor inagotable;
su redención sobreabunda.

Salmo 130:7 (NTV)

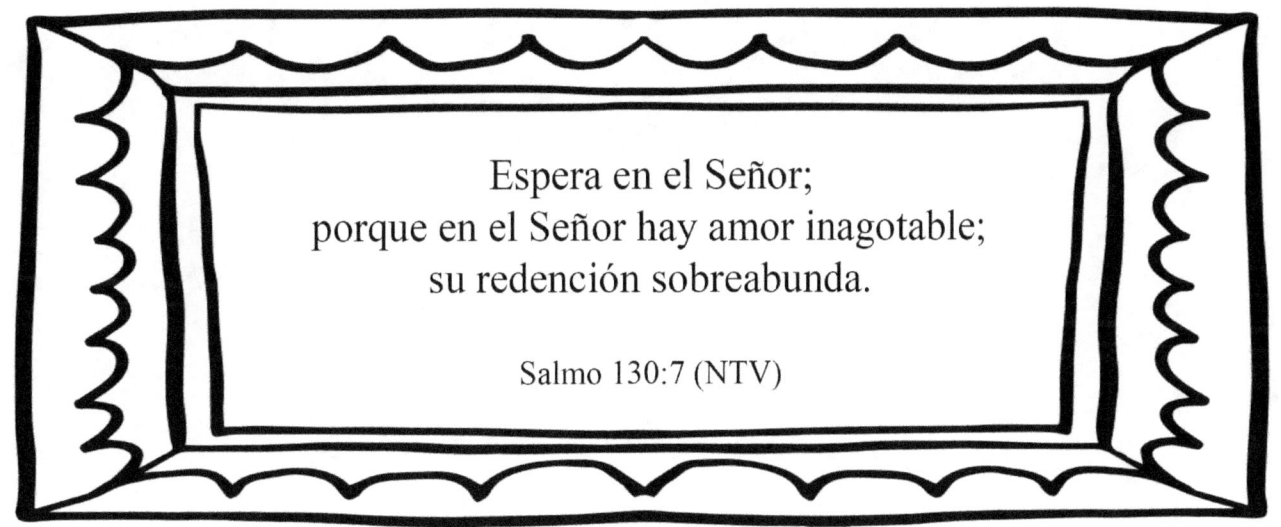

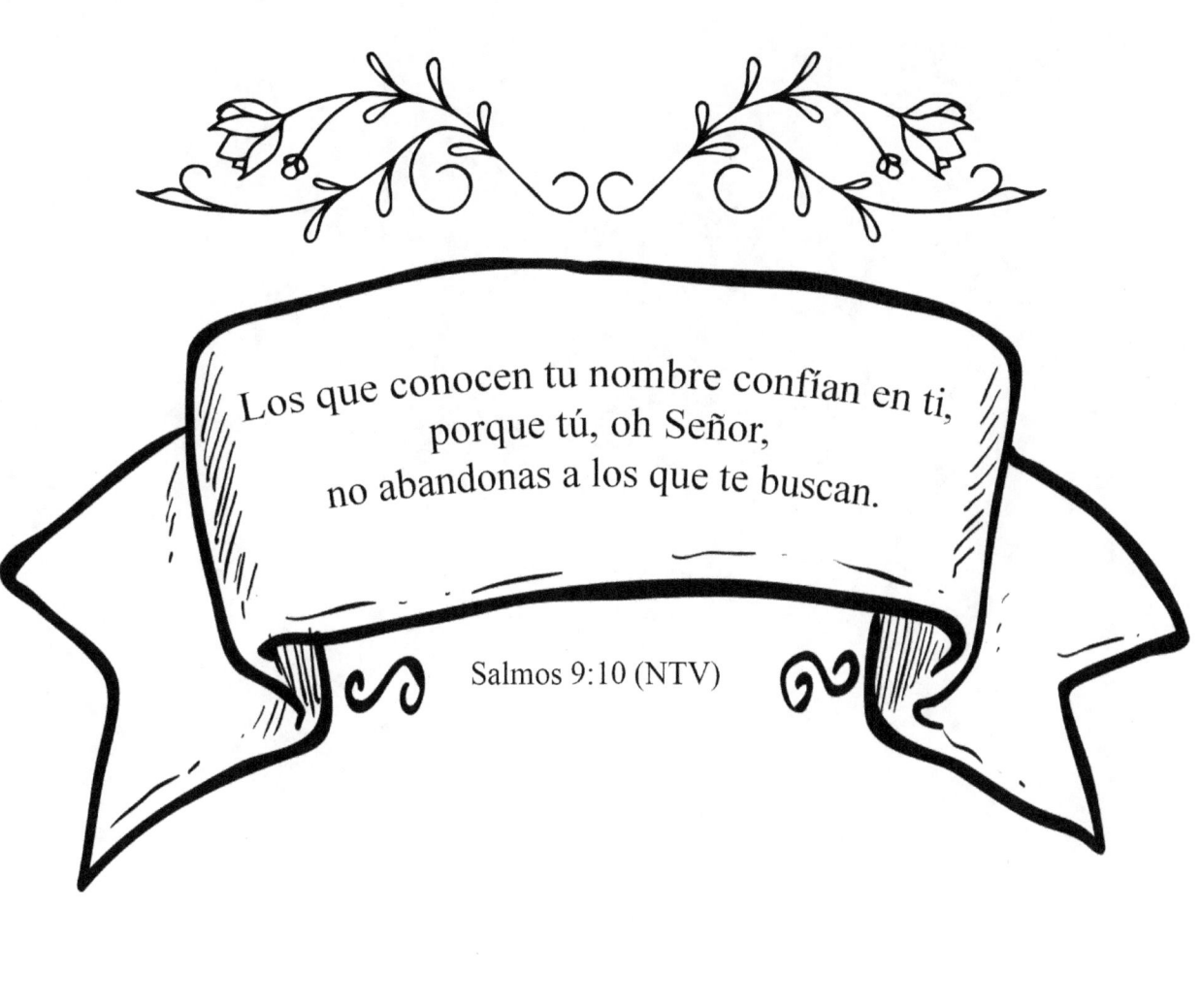

¡Nos gustaría saber de ti!

Por favor comparte tus sugerencias y comentarios con nosotros. También puedes hacernos llegar los dibujos coloreados por los siguientes medios:

 www.Editorialimagen.com

 info@Editorialimagen.com

 facebook.com/editorialimagencom

 twitter.com/editorialimagen

 plus.google.com/+Devociontotalcom

 instagram.com/devociontotal

 pinterest.com/devociontotal

 linkedin.com/in/andres-reina

 youtube.com/devociontotal

 +54 9 3516 531 259

Más libros de Interés

Dios está en Control - Descubre cómo librarte de tus temores y disfrutar la paz de Dios

En este libro, el pastor Jorge Lozano, quien nació en México y vive en Argentina desde hace más de 20 años, nos enseña cómo librarnos de los temores para que podamos experimentar la paz de Dios.

Ángeles en la Tierra - Historias reales de personas que han tenido experiencias sobrenaturales con un ángel

Este libro no es un estudio bíblico exhaustivo de los ángeles según la Biblia. Los ángeles son tan reales y la mayoría de las personas han tenido por lo menos una experiencia sobrenatural o inexplicable. En este libro de ángeles comparto mi experiencia, como así también la de muchas otras personas. Serás bendecido al leer esta compilación de vivencias con un ángel.

Gracia para Vivir - Descubre cómo vivir la vida cristiana y ser parte de los planes de Dios

Martin Field, nos comparte en este libro sobre la gracia que proviene de Dios. La misma gracia que trae salvación también nos enseña cómo vivir mientras esperamos la venida de Jesús.

Dios Contigo - Tu Padre quiere hablarte y tiene un mensaje para ti

Varios autores se han reunido para darle forma a este libro, cuya intención es acercarte más al corazón de Dios.

30 días con Dios - Lecturas diarias que te fortalecerán y te acercarán al Padre

Lo que leerás a continuación es un devocional que hemos preparado con algunas de las reflexiones que ya hemos enviado por correo electrónico a miles de personas alrededor del mundo desde al año 2004

Cerca de Jesús - Acércate a la cruz y serás cambiado para siempre

En este libro, el pastor Jorge Lozano, quien nació en México y vive en Argentina desde hace más de 20 años, nos enseña cómo acercarnos más a la persona de Jesús para experimentar Su abrazo y ser cambiados para siempre.

Espíritu Santo, ¡Sopla En Mí! - Aprendiendo los secretos para un vida de poder espiritual

¿Realmente queremos vivir una experiencia que revolucione nuestro presente, que haga la diferencia entre la muerte y la vida espiritual? De eso trata este libro. Te guiará a conocer al Espíritu Santo como persona. También aprenderás que es posible vivir una vida llena de su presencia.

Perlas de Sabiduría – Un devocional - 60 días descubriendo verdades en la Palabra de Dios

En este libro devocional para mujeres descubrirás verdades y principios espirituales 'escondidos', así como las perlas, los cuales están esperando ser encontradas por aquellos que realmente quieren saber más. A través de los 60 días descubrirás a Dios y a Su hijo Jesucristo como nunca antes, y conocerás más sobre Su gloria, la alabanza, y el cielo, entre otros temas.

Cómo hablar con Dios – Aprendiendo a orar paso a paso

A veces complicamos algo que nuestro Señor quiere que sea sencillo, es por esto que en este libro podrás encontrar detalladamente las respuestas a las preguntas:

- ¿Cómo debo orar?
- ¿Qué me garantiza que Dios me va a responder?
- ¿Qué palabras debo usar?

Y otras preguntas similares.

www.ingramcontent.com/pod-product-compliance
Lightning Source LLC
LaVergne TN
LVHW081540060526
838200LV00048B/2161